Sybille Rogaczewski-Nogai

Wir basteln mit Stoff, Filz & Wolle

CHRISTOPHORUS
BRUNNEN-REIHE

Inhalt

Bastelspaß für Kinder

Stoff, Filz und Wolle sind Materialien, die unendlich viele Möglichkeiten zum kreativen Gestalten bieten. Schon das Befühlen und Ertasten dieser Materialien ist ein Erlebnis: Sie können sich weich und kuschelig, kühl und glatt oder auch rau und stachelig anfühlen. Die wichtigsten Grundtechniken zum Verarbeiten von Stoff, Filz und Wolle sind: Schneiden, Kleben, Drehen, Flechten, Stricken, Nähen, Sticken, Walken, Reiben und Wickeln.

In diesem Buch gebe ich Ihnen verschiedene Anregungen, wie Kinder diese Techniken ganz einfach ausprobieren und die Ergebnisse zu lustigen und dekorativen Gegenständen verarbeiten können: Grußkarten mit ersten Stickereien, gefilzter Schmuck, Blumentöpfchen mit Stricklieselketten oder Schlüsselanhänger mit selbst gefertigten Pompons kommen bei den Kindern immer gut an. Dabei kann genau nach den Vorlagen gearbeitet oder nach Lust und Laune variiert und abgeändert werden. Der Fantasie sind dabei keine Grenzen gesetzt!

Viel Spaß beim Basteln mit Stoff, Filz und Wolle
wünscht Ihnen und Ihren Kindern

Ihre

Sybille Rogaszewski-Nogai

Material & Technik

Stoff

Stoff ist gewebte textile Ware oder Maschenware. Es gibt ihn in allen möglichen Qualitäten: dicker Wollstoff, fester Jeansstoff, elastische und dehnbare T-Shirt-Stoffe, dünne und glatte Sommerstoffe. Es gibt ihn in allen Farben und Mustern, matt oder glänzend.

Filz

Filz besteht aus Wollfasern, die sich unter der Einwirkung von Wärme und Reibung zu einem Vlies verbunden haben. Zum Basteln können Sie fertige Filzplatten verwenden oder Wolle selber filzen.

Wolle

Wolle wird hier als Überbegriff benutzt für alle Fäden. Dazu gehören Schafwolle, Synthetik- oder Baumwollgarne in stärkerer Qualität sowie Stick- und Nähgarne. Zum Sticken und Nähen eignen sich am besten dünne, glatte Fäden, zum Flechten, Kordel drehen und Pompons wickeln dagegen eher dickere Fäden. Mit der Strickliesel ist ein mitteldickes, glattes Garn am besten zu verarbeiten.

Übertragen der Vorlagen

Transparentpapier oder Butterbrotpapier auf die Vorlage legen, die Konturen mit weichem Bleistift nachmalen. Das Transparentpapier wenden, auf den Stoff beziehungsweise das Papier legen und die Linien nochmals nachfahren. Die Bleistiftlinie drückt sich auf dem Stoff oder dem Papier ab. Für Kinder ist es am einfachsten, eine Schablone herzustellen: Das auf Transparentpapier durchgepauste Motiv auf eine dünne Pappe kleben und ausschneiden. Schablone auf Stoff oder Papier legen und umfahren.

Filzen

Mithilfe von heißem Wasser und Seife Wollfasern so lange kneten und walken, bis sie zusammenschrumpfen und sich zu einem dichten Vlies verbinden. Für die Filzlauge in einer Schüssel drei Esslöffel Schmierseife in drei Litern heißem Wasser (etwa 60 Grad) auflösen. Bei Verwenden einer Edelstahlschüssel kann abgekühlte Lauge mit dem Tauchsieder wieder erhitzt werden.

Sticken

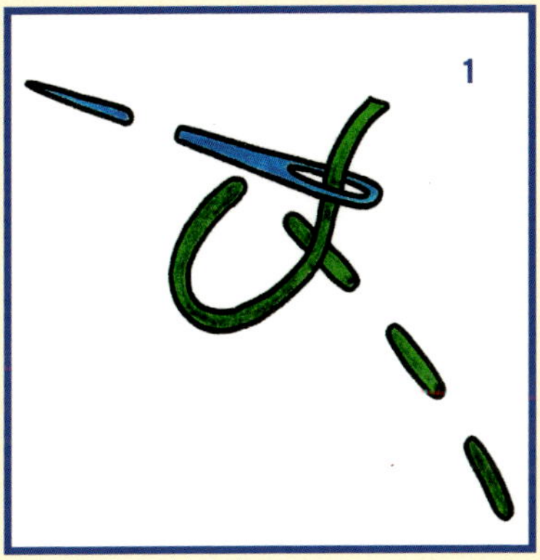

1 Vorstich (Heft- oder Reihstich)

Von unten an der gewünschten Stelle durchstechen und in einiger Entfernung so einstechen, dass die Stiche an der Oberseite doppelt so lang sind wie auf der Unterseite. Dies kann man nach Bedarf variieren, etwa, dass der Stich an der Oberseite kürzer erscheint als auf der Unterseite.

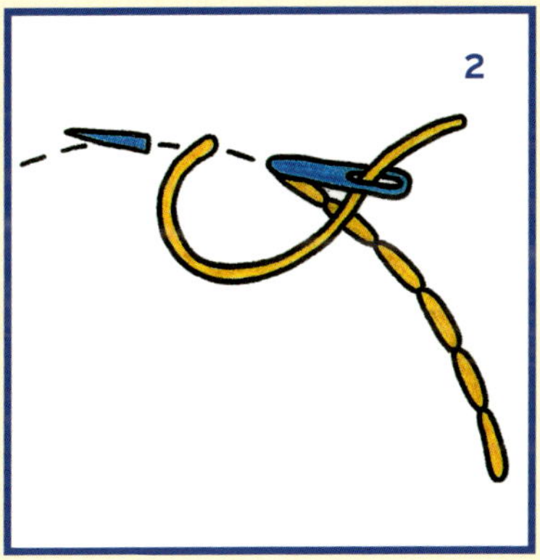

2 Steppstich (Rückstich)

Von unten her durchstechen, in einiger Entfernung zurückstechen und den Faden durchziehen. Nun zur Durchstichstelle zurückstechen, sodass sich die einzelnen Stiche eng aneinander reihen. Die Stiche sollten alle gleich lang sein. Auf diese Art können Stoffteile fest zusammengenäht oder Linien zum Verzieren gestickt werden.

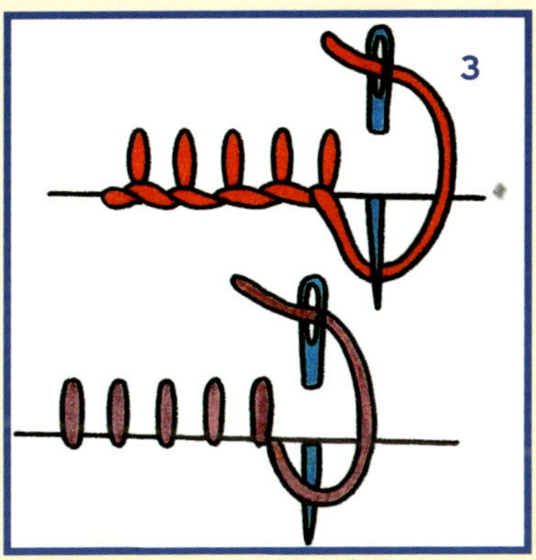

3 Schlingstich

Dieser Stich eignet sich zum Arbeiten von Rändern oder zum Zusammennähen zweier Stoffstücke am Rand. An der gewünschten Stelle durchstechen, in einiger Entfernung rechts schräg aufwärts einstechen, senkrecht nach unten durchstechen, dabei mit der Nadel durch die Fadenschlinge fahren. Faden durchziehen (obere Abbildung). Kleinere Kinder können den Rand auch einfach mit Nadel und Faden umwinden (untere Abbildung).

Strickliesel

Material

- Holz-Strickliesein, unbemalt
- Bastelfarbe in Weiß, Goldgelb, Pink, Karmin, Hellgrün, Enzianblau
- Wattestäbchen
- Wollreste

Zusätzlich

- Filzstift in Schwarz
- Pinsel
- Prickelnadel oder Häkelnadel

Strickliesein der Abbildung entsprechend bemalen, Farbpunkte mit Wattestäbchen auftupfen. Gesichtskonturen mit schwarzem Filzstift malen. Die Anleitung für eine selbst gefertigte Strickliesel steht auf Seite 10.

1 Faden von oben durch die Strickliesel führen, bis er unten herausschaut. Für die erste Reihe den Faden von links nach rechts um jede Schlaufe herumlegen.

2 Die Strickliesel so in die linke Hand nehmen, dass der linke Daumen vorne den Kopfrand hält. Um die Spitze des Zeigefingers läuft der Faden zum Mittelfinger, der mit dem Ringfinger den Fuß der Strickliesel abstützt.

3 In der zweiten und den weiteren Reihen den Faden immer glatt vor die nächste Schlaufe legen und die Schlingen der vorigen Reihe mit Prickelnadel oder Häkelnadel darüber heben. Beim Stricken den unten heraushängenden Faden bzw. den Strickschlauch immer wieder nachziehen. Soll eine neue Farbe angestrickt werden, einfach das Ende des alten und den Anfang des neuen Fadens miteinander verknoten und beim Weiterstricken den Knoten nach innen ziehen. Zum Beenden der Arbeit das Fadenende mit einer Häkelnadel durch alle vier Maschen ziehen.

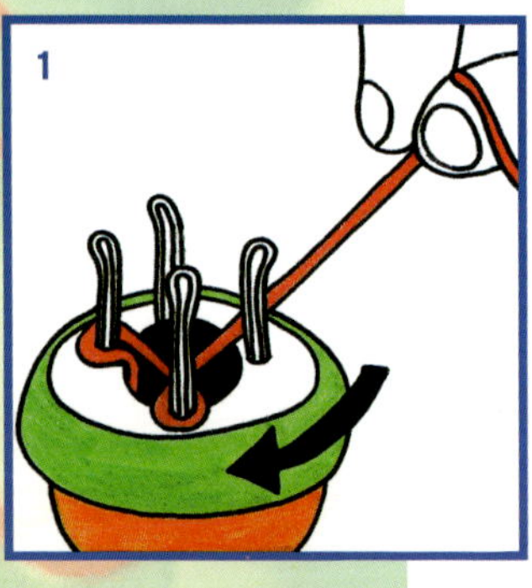

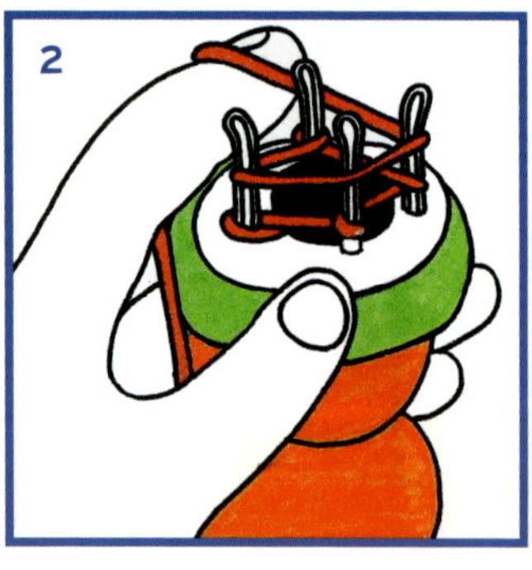

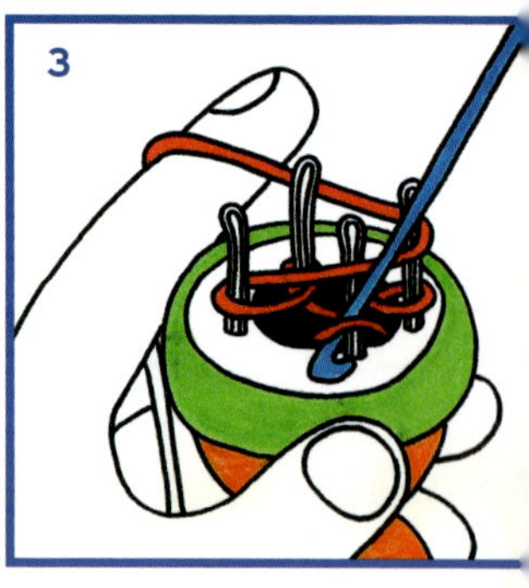

Blumentöpfchen

Material

- Filzplatten in verschiedenen Farben
- Wollreste
- Holzspieße
- Lufttrocknende Modelliermasse
- Terracotta-Töpfchen, 5,5 cm Ø
- Wattebällchen
- Stickgarn
- Bastelfarbe in Braun

Zusätzlich

- Strickliesel
- Sticknadel, spitz
- Stecknadeln
- Alleskleber

Vorlage A

1 Für jedes Töpfchen mit der Strickliesel einen Schlauch von 70 – 100 cm stricken und um das Töpfchen kleben. Die tatsächliche Länge je nach Wollstärke durch Umwickeln des Töpfchens erproben.

2 Eine Kugel Modelliermasse in das Töpfchen drücken, einen Holzspieß in die Mitte stecken und wieder herausnehmen. Nach dem Trocknen mit brauner Bastelfarbe anmalen. Mit der Strickliesel einen grünen Schlauch, 6 – 8 cm lang, stricken, dabei Anfangs- und Endfaden mit der Sticknadel nach innen ziehen. Den Schlauch über den abgeschnittenen Holzspieß ziehen, der noch etwa 2 cm oben herausschaut.

3 Aus Filz zwei Blüten (Vorlage A) ausschneiden, versetzt aufeinander legen, in die Mitte ein Wattebällchen stecken und mit Stecknadeln fixieren. Mit Sticknadel und Stickgarn um das Wattebällchen im Vorstich (Anleitung Seite 5) herumsticken, dabei beide Blütenteile erfassen. Fadenenden innen zwischen beiden Blütenlagen verknoten.

4 Aus Filz kleine Kreise (Vorlage A) ausschneiden und auf die Blüten kleben. Fertige Blüten mit etwas Klebstoff auf den Holzspieß stecken. Blatt aus Filz (Vorlage A) unten an den Stängel kleben.

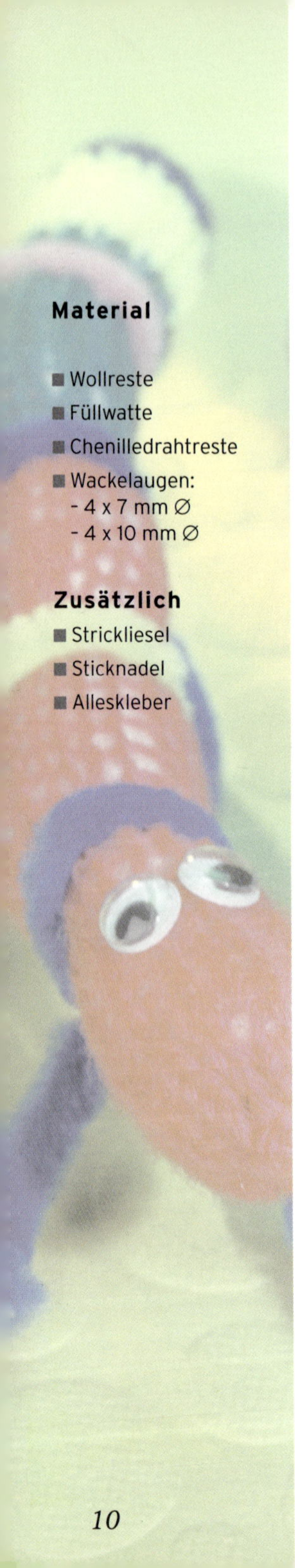

Strickliesel-Raupen

Material

- Wollreste
- Füllwatte
- Chenilledrahtreste
- Wackelaugen:
  - 4 x 7 mm Ø
  - 4 x 10 mm Ø

Zusätzlich

- Strickliesel
- Sticknadel
- Alleskleber

1 Pro Raupe mit einer selbst gefertigten, großen Strickliesel (Abbildung Seite 7, Anleitung siehe unten) einen Schlauch, 10 - 25 cm lang, stricken. Ein Ende mit dem Anfangsfaden zusammenziehen.

2 Schlauch mit Füllwatte ausstopfen, zweites Ende mit einer Sticknadel zusammenziehen, Faden nach innen stechen.

3 Im Abstand von etwa 3 - 4 cm Chenilledrahtstücke, 13 cm lang, um den Schlauch winden, an der Unterseite verdrehen und Füße abknicken. Wackelaugen aufkleben.

Tipp

So können Sie ganz leicht eine Strickliesel anfertigen: Eine Toilettenpapierrolle halbieren, an einen Rand zehn Büroklammern mit der Spitze nach oben klemmen, sodass sie halb überstehen. Klammern mit Krepp-Klebeband von innen und außen an der Rolle festkleben. Zusätzlich die Klammern mit einem Tacker sichern. Klammerspitzen leicht nach außen biegen.

Fingerpüppchen

Material

- Fotokarton in Rosa, Cremefarben, Hellbraun
- Velourspapier in Gelb, Braun, Schwarz
- Stoffreste, klein gemustert
- Strickschlauch in verschiedenen Farben, 1 und 2 cm breit
- Chenilledraht in Rosa, Beige
- 2 Wackelaugen, 4 oder 5 mm Ø (pro Figur)
- 2 Holzperlen in Natur, 10 mm Ø (pro Figur)
- 2 Holzfüße in Natur, 15 x 20 mm (pro Figur)
- Bortenreste
- Pailletten

Zusätzlich

- Bastelfarbe
- Filzstift in Schwarz
- Buntstift in Rot
- Alleskleber

Vorlagen

B1 - B3

1 Die Grundfigur (Vorlage B1) aus Fotokarton ausschneiden. Chenilledraht als Arme, 11 cm lang, und als Beine, 12 cm lang, aufkleben (siehe Abbildung unten). Als Hosen Strickschlauchstücke, 5 cm lang, über die Beine ziehen oder nach der Vorlage B2 aus Stoff zuschneiden.

2 Kleiderteile (Vorlage B2) je zweimal gegengleich zuschneiden, an den oberen und seitlichen Rändern mit Klebstoff bestreichen und von beiden Seiten um den Körper kleben, Schulternähte dabei auf den Armen festkleben.

3 Haare aus Velourspapier ausschneiden (Vorlage B3), dabei das Vorderteil mit Gesichtsausschnitt, das Rückteil ohne. Haarteile aufkleben, dabei die Kronen (Vorlage B3) jeweils zwischenfassen. Mütze (Vorlage B3) aufkleben.

4 Kleider mit Pailletten, Borten und Kragen ausschmücken. Wackelaugen aufkleben, Gesichter aufmalen. Holzfüße bunt bemalen und trocknen lassen. Füße und Handkugeln mit etwas Klebstoff auf die Chenilledrahtenden stecken. Die Püppchen können stehen und sitzen, Arme und Beine sind biegbar.

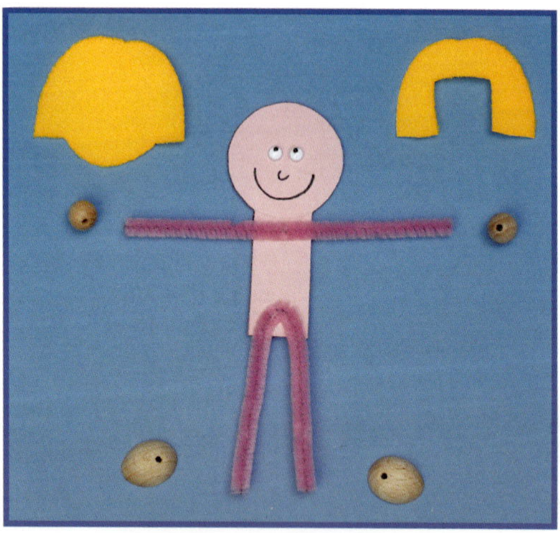

Sitzkäfer

Material

- Toilettenpapierrollen
- Stoff in verschiedenen Farben, dehnbar
- Tonpapier in verschiedenen Farben
- Chenilledraht in verschiedenen Farben
- Baumwollstoff, dünn und klein gemustert
- 2 Wackelaugen, 7 mm Ø (pro Käfer)
- 6 Holzperlen, 8 mm Ø (pro Käfer)
- Pluster-Pen in verschiedenen Farben
- Zeitungspapier
- Faden, fest

Zusätzlich

- Lochzange
- Wäscheklammern
- Alleskleber

Vorlagen

C1, C2

1 Toilettenpapierrollen halbieren und mit Tonpapier bekleben. Nach der Vorlage C1 aus dem Stoff zwei gegengleiche Flügel ausschneiden und den oberen Rand innen an der Rolle festkleben. Mit Wäscheklammern bis zum Trocknen fixieren.

2 Auf der Vorderseite der Rolle im Abstand von etwa 3 cm auf beiden Seiten mit der Lochzange drei Löcher einstanzen. Von rechts nach links drei Chenilledrahtstücke, je 12 cm lang, durchziehen.

3 Für den Kopf eine Zeitungsseite zur Kugel knüllen, ein 15 x 15 cm großes Stück dehnbaren Stoff darüber ziehen und diesen unten mit Faden zusammenbinden. Oberen Rand der Rolle mit Flüssigkleber bestreichen und Kopf hineindrücken.

4 Mit der Prickelnadel oder einer spitzen Schere oben zwei Löcher vorstechen und zwei je 5 cm lange Chenilledrahtstücke mit etwas Klebstoff hineinstecken. Aus Stoff nach der Vorlage C2 eine Mütze rollen und auf den Kopf kleben. Augen anbringen, Mund mit Pluster-Pen aufmalen, Holzperlen mit Klebstoff auf die Chenilledrahtenden setzen.

Material

- Wollreste in verschiedenen Farben
- Pappe, fest
- Schlüsselringe mit Karabiner
- Indianerperlen
- Herzperlen
- Plastiknuggets
- 2 Metallglöckchen in Gelb
- Sicherheitsnadeln in Rot
- Flauschfeder in Rot, Orange

Zusätzlich

- Stopfnadel, dünn
- Alleskleber

Schlüsselanhänger

Pro Anhänger einen Pompon herstellen (siehe Anleitung unten). Mithilfe der Nadel Perlen auf die Bindefäden ziehen, ebenso perlenbestückte Sicherheitsnadeln oder Glöckchen auffädeln. Perlenstränge am Ende mit einem dreifachen Knoten sichern. Federn mit wenig Klebstoff in die Perlen oder direkt in den Pompon stecken. Öse am Karabiner etwas aufbiegen, Schlaufe des Bindefadens hineinlegen und wieder zubiegen.

Pompons wickeln

1 Pro Pompon zwei gleichgroße Ringe, 4 - 5 cm ∅, 1 cm Randbreite, aus fester Pappe ausschneiden und aufeinander legen. Zwei lange, doppelt gelegte Fäden mit einer Stopfnadel um die Pappkreise wickeln, bis diese ganz mit Wolle bedeckt sind. Je dicker die Kreise umwickelt werden, desto dichter werden die Pompons.

2 Die Fäden am äußeren Rand aufschneiden und die Pappkreise etwas auseinander ziehen. Um die Mitte zwischen den Kreisen einen doppelt gelegten Faden wickeln und verknoten. Die Pappkreise aufschneiden und abnehmen. Abstehende Fäden abschneiden, den Bindefaden hängen lassen.

Grußkarten

Material

- Jutegewebe in Gelb, Orange, Rot, 10 x 10 cm
- Wollfäden in verschiedenen Farben
- Bastelkarton in Orange, Grün, Hellblau, 15,5 x 34,5 cm
- Pluster-Pen oder Wachskreide in Gelb

Zusätzlich

- Sticknadel, stumpf
- Filzstifte
- Alleskleber

Vorlage D

1 Kinder sticken auf dem Jutegewebe ganz frei mit Nadel und Faden.

2 Bastelkarton nach der Vorlage D zuschneiden und falzen. Den Kreis-, Herz- oder Sternausschnitt von innen auf das mittlere Teil zeichnen und ausschneiden.

3 Den bestickten Stoff unter den Ausschnitt kleben, linkes Kartenteil darüber klappen und festkleben.

4 Mit Pluster-Pen oder Wachskreide Strahlen um die Ausschnitte malen, mit Filzstiften beschriften.

Fröhliche Weihnachten
ZUM MUTTERTAG

Filztaschen

Material

- Filztaschen in Gelb, Orange, Rosa, 21 x 21 cm
- Filz-Brillenetuis in Pink, Lila
- Filzplatten in Weiß, Gelb, Orange, Rot, Lila, Türkis, Mittelblau, Hellgrün, Mittelgrün
- Knöpfe, 2 - 3 cm Ø
- Stickgarn

Zusätzlich

- Sticknadel, spitz
- Alleskleber

Vorlagen

E1, E2

1 Für die Filztaschen nach der Vorlage E1 die Einzelteile für das Auto, die Blume und das Bärengesicht aus Filz zuschneiden und der Abbildung entsprechend mit Alleskleber zusammensetzen.

2 Knöpfe auf den Motiven festnähen. Die Motive jeweils mit Klebstoff auf den Taschen anbringen.

3 Für die Brillenetuis nach der Vorlage E2 die Einzelteile für das Herz und das Clownsgesicht aus Filz zuschneiden und mit Alleskleber zusammenfügen. Die Motive auf den Etuis befestigen.

Brustbeutel

Material

- Filzplatten in Weiß, Gelb, Rot, Hellgrün, Grün, Blau, Schwarz
- Stickgarn in Gelb, Grün, Blau
- Wollfaden in Schwarz

Zusätzlich
- Sticknadel, spitz
- Alleskleber

Vorlage F

1 Kopfform jeweils zweimal aus Filz zuschneiden (Vorlage F). Beim Tiger Augen, Nase und Zacken, beim Frosch Augen, Lider, Maul, Zunge und Flecken ebenfalls aus Filz ausschneiden. Diese Teile entweder vollflächig mit Alleskleber auf die Grundform kleben oder nur mit einem Tupfen Klebstoff in der Mitte fixieren und mit dem Vorstich (Anleitung Seite 5) aufsticken.

2 Beim Tiger Schnauzhaare und Mund mit schwarzer Wolle im Steppstich (Anleitung Seite 5) aufsticken, dabei vorher mit Bleistift leicht auf dem Filz vormalen. Vorder- und Rückteil der Köpfe jeweils von einer Ohrenspitze unten herum bis zur anderen Ohrenspitze mit ein paar Tupfen Klebstoff aufeinander fixieren und mit dem Schlingstich (Anleitung Seite 5) umsticken. Dabei eine etwa 80 cm lange Kordel (Anleitung siehe unten) mit umstechen. Kordel zusammenknoten.

Kordel drehen

Kordeln am besten zu zweit drehen. Jeder nimmt ein Ende von einem doppelt, dreifach oder vierfach gelegten Faden in die Hand und dreht diese, jeder in eine andere Richtung. Dreht man alleine, hängt man das andere Ende einfach in eine Türklinke ein. Schneller geht es so: Die Enden verknoten, vor die Knoten je einen Bleistift stecken und diese dann drehen. So lange drehen, bis ein strammer Faden entsteht. In die Mitte dieses Fadens eine Schere klemmen, den Faden dabei so hoch halten, dass die Schere frei hängt und sich drehen kann. Hat die Schere ausgedreht, diese abnehmen und Kordelenden verknoten.

Lesezeichen

Material

- Filzplatten in verschiedenen Farben
- Wollreste in verschiedenen Farben

Zusätzlich

- Stopfnadel, dick und spitz
- Sicherheitsnadel

Vorlage G

1 Filzstreifen nach der Vorlage G zuschneiden, dabei Schablonen aus Pappe verwenden. Sechs Wollfäden, jeweils 60 cm lang, in drei verschiedenen Farben abschneiden. Je drei Fäden zusammen mithilfe der Nadel durch einen der mit Bleistift eingezeichneten Punkte durchziehen und bei einem zweiten Punkt zurückstechen.

2 Fäden auf gleiche Länge ziehen und jeweils drei am Filz miteinander verknoten. Mit den drei anderen Fäden genauso verfahren. Den Filzstreifen mit einer Sicherheitsnadel auf Kniehöhe an die Hose heften und vier Zöpfe flechten.

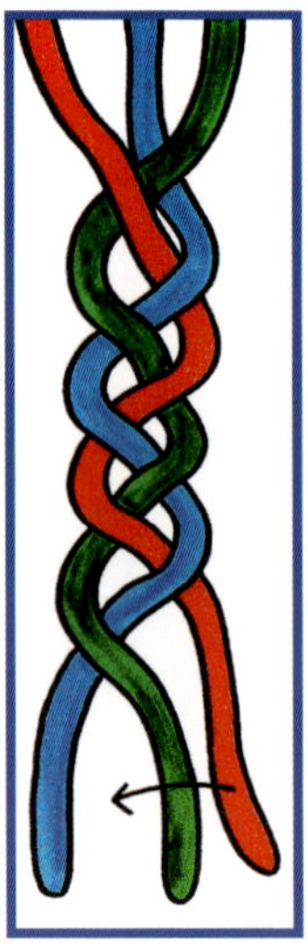

Flechten

Drei Fäden zusammenknoten. Während des Flechtens die Fäden unter Zug halten, deshalb eine Sicherheitsnadel durch den Knoten stechen und diese am besten an der eigenen Hose in Kniehöhe festmachen. Die drei Fäden liegen nebeneinander. Immer abwechselnd den rechten und linken äußeren Faden in die Mitte zwischen die beiden anderen legen. Ende ebenfalls verknoten.

Filzschmuck

Material

- Wollfasern in Gelb, Orange, Rosa, Rot, Grün, Blau (Firma ARTY's)
- Schmierseife
- Holzperlen-mischung, bunt
- Gummifaden in Gelb, Pink, 1 mm Ø

Zusätzlich

- Stopfnadel, dick und spitz

Wollkügelchen und -würstchen filzen (Anleitung siehe unten). Gummifaden, für die Kette 65 cm, für das Armband 20 cm, abschneiden und mit der Stopfnadel abwechselnd Filzperlen und Holzperlen auffädeln. Enden verknoten.

Kleine Kugeln filzen

1 Heißes Wasser und Schmierseife ansetzen (Anleitung Seite 4). Für eine Kugel faustgroße Flocken farbiger Wollfasern auszupfen, in der Mitte zusammendrehen, die Enden darüber legen und wieder zwirbeln. Die Kugel in die heiße Lauge tauchen, dann sanft drücken, dieses wiederholen, bis sich die Oberflächenwolle verbindet.

2 Die Kugel zwischen den Handflächen immer stärker rubbeln und reiben. Am Schluss mit klarem Wasser ausdrücken. Für die Kette und das Armband etwa 20 – 30 Kugeln anfertigen. Schneller geht es so: Die Kügelchen filzen, bis sich die Oberflächenwolle verbunden hat. Die vorgefilzten Kugeln in ein Stoffsäckchen geben und in der Waschmaschine bei 60 Grad waschen. Trocknen lassen.

Klingelbälle

Material

- Wollfasern in Gelb, Orange, Rosa, Rot, Grün, Blau (Firma ARTY's)
- Tennisbälle, alt
- Schmierseife
- Leere Überraschungsei-Kapseln
- Glöckchen
- Gummifaden in Gelb, Rot, Blau, 1 mm ∅

Zusätzlich

- Stopfnadel, dick und spitz

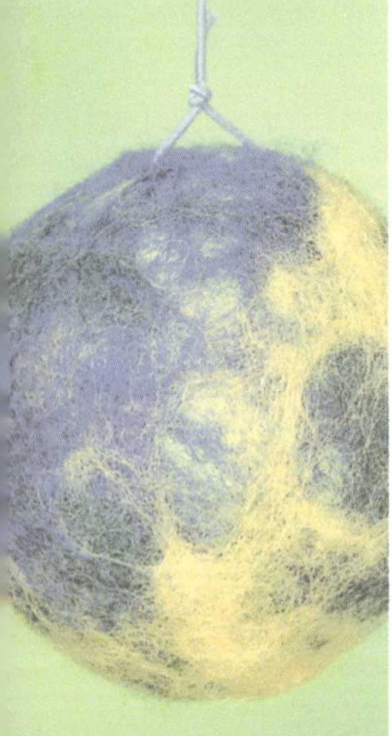

1 Tennisball mit einem scharfen Messer etwa 5 cm aufschneiden, dies sollte ein Erwachsener übernehmen. Glöckchen in die Kapsel stecken, diese in den Ball drücken.

2 Die mit Flöckchen farbiger Wolle überzogenen Tennisbälle in die Lauge tauchen und drücken, bis sich die Wolle verbunden hat (Anleitung „Filzen“ Seite 4). Dann mit leichten Streichbewegungen weiterarbeiten, die zunehmend stärker werden bis zum festen Rollen und Kneten. Zwei bis drei Schichten arbeiten.

3 Gefilzte Objekte am Ende mit klarem Wasser ausspülen, nochmals in Form drücken und in der Sonne oder auf der Heizung einen Tag trocknen lassen.

4 Nach dem Trocknen mithilfe einer Stopfnadel den 70 - 100 cm langen Gummifaden 2 cm breit durch die Filzschichten ziehen und verknoten. Am anderen Ende eine Halteschlaufe einknoten.

Bleistiftstecker

Material

- Bleistifte
- Lufttrocknende Modelliermasse, „light"
- Wolle in Gelb, Rot, Blau, Braun, Schwarz
- Bastelfarbe in Weiß, Ocker, Hellrot, Rot, Siena, Grün, Blau
- Pro Figur je 2 Wackelaugen, 5 mm ∅
- Sicherheitsnadel in Rot, Grün
- Satinband in Grün
- Pappe, fest
- Stoffreste
- Goldfolie

Zusätzlich

- Filzstift in Schwarz
- Buntstift in Rot
- Holzspieß
- Alleskleber

1 Für den Kopf pro Figur von der Modelliermasse ein etwa 4 x 4 x 4 cm großes Stück abschneiden und zur Kugel oder zum Ei rollen. Ein kleines Stück zur Nase formen, in den Kopf mit einem Holzspieß ein Loch bohren, Nase hineinsetzen, Ränder verstreichen. In die Unterseite mit dem Holzspieß ein Loch vorbohren, Bleistift hineindrücken und wieder herausziehen.

2 Nach dem Trocknen die Köpfe mit Bastelfarbe grundieren. Für die Haare Wolle um ein festes Stück Pappe wickeln: Die Pappe sollte für den Clown, Zauberer und Punker 8 cm breit sein, für die Prinzessin und Hexe 13 cm und für den Indianer 21 cm. Den Strang abziehen und in der Mitte zusammenbinden. Enden aufschneiden, diese Perücke auf den Kopf kleben, eventuell mit der Schere zurechtschneiden.

3 Wackelaugen aufkleben, Gesichter mit Bastelfarbe oder Filzstiften ergänzen. Rote Wangen mit Buntstift schraffieren. Stoffquadrat, 10 x 10 cm, ausschneiden und mit dem Kopf auf den Stift stecken, dabei vorher in die Öffnung einen Tropfen Klebstoff geben. Dem Indianer Zöpfe und ein Stirnband flechten, der Prinzessin eine Krone aus Goldfolie aufkleben, der Hexe ein Kopftuch umbinden, dem Clown eine Schleife um den Hals binden und den Punker mit Sicherheitsnadeln ausstatten.

Impressum

ISBN 3-419-56455-4

Lektorat:
Gisa Windhüfel, Freiburg

Styling und Fotos:
Christoph Schmotz, Freiburg

Covergestaltung und Layoutentwurf:
Network!, München

Gesamtproduktion:
smp, Freiburg
Layout: Gisa Bonfig, Freiburg

Druck:
Freiburger Graphische Betriebe

Wir sind für Sie da, wenn Sie Fragen haben.
Und wir interessieren uns für Ihre eigenen Ideen und Anregungen.
Schreiben Sie uns, wir hören gerne von Ihnen!
Ihr Christophorus-Team

Christophorus-Verlag GmbH
Hermann-Herder-Str. 4
79104 Freiburg
Tel.: 0761/ 27 17-0
Fax: 0761/ 27 17-3 52
oder e-mail:
info@christophorus-verlag.de

www.christophorus-verlag.de

Aus der Brunnen-Reihe

3-419-56317-5

3-419-56387-6

3-419-56384-1

3-419-56342-6

3-419-56388-4